_____ 님께

세상에서 가장 소중하고 귀한 당신에게 이
_____
책을 드립니다.
_____

_____ 드림
_____

김종우 시집
들뫼 아름다운 저서 2665호

인쇄일 : 2024년 7월 5일
발행일 : 2024년 7월 24일

정　가 : 12,000원
지은이 : 김종우
엮은이 : 박민철
편집부 : 홍은희 왕지원
펴낸곳 : 도서출판 들뫼

전　화 : 02)809-8147
등　록 : 제544-2020-000002호
편집부 : pj1275@hanmail.net
출판 편집부 : 010)6489-1245
팩　스 : 02)6008-6790

ISBN : 979-11-970769-2-3
다음　: 한국문학정신
http://cafe.daum.net/tapgun

JongWoo Kim poetry

김종우 시집

DM 도서출판들뫼

혜윰

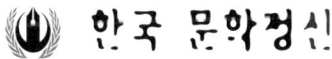
한국문학정신

Book of poems

by. JongWoo Kim

♣ Content ♣

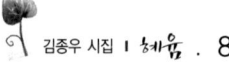

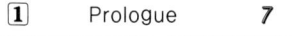

1	Prologue	7

9　　　　　목차

16　　　　서문

19　　　　제 1부 (인생)

50　　　　제 2부 (사랑)

80　　　　제 3부 (아름다운 세상에서)

108　　　제 4부 (신앙)

138　　　제 5부 (시간)

168　　　제 6부 (무제)

| ② | Lifetime | *19* |

1	설렘과 밀림	*20*
2	인생	*21*
3	인생 1	*22*
4	인생 2	*23*
5	인생 3	*24*
6	인생 4	*25*
7	모릅니다	*26*
8	철길	*28*
9	구멍 난 양말	*29*
10	아끼다	*30*
11	인생 5	*31*
12	인생 6	*32*
13	이사 준비	*33*
14	치유	*34*
15	인생 7	*36*
16	인생 8	*38*
17	인생 4계	*39*
18	인생 9	*40*
19	없는 곳에는	*41*
20	가을	*42*
21	똥	*43*
22	마무리	*44*
23	욕망	*45*
24	나이 듦	*46*
25	인생 10	*47*
26	산	*48*
27	인생 길	*49*

| ③ | Love | **50** |

28	인생 11	*51*
29	거울 1	*52*
30	나이가 만든다	*53*
31	인생 12	*54*
32	길 1	*55*
33	어쩌나	*56*
34	남는 것	*57*
35	매미	*58*
36	고달픈 인생	*59*
37	인생이란	*60*
38	꿈 1	*61*
39	아픔을 이기려니	*62*
40	나이	*63*
41	무엇이 생기나	*64*
42	안개	*65*
43	길 2	*66*
44	자연과 인생	*67*
45	오늘 좋은 것	*68*
46	시간	*70*
47	희망 사항	*71*
48	사랑은	*72*
49	춘하추동	*73*
50	당신 눈 속에는	*74*
51	결혼	*75*
52	그리움	*76*
53	기다림	*77*
54	어머니	*78*

| **4** | The world | *80* |

55	그대 *81*
56	질 膣 1 *82*
57	그림자 *83*
58	마음이 *84*
59	바람 希 *85*
60	가족 *86*
61	첫사랑 *87*
62	치매 *88*
63	내 몸의 그림 *89*
63	사랑 *90*
65	얼굴들 *91*
66	사랑하면 *92*
67	아프지 말자 *93*
68	질 膣 2 *94*
69	때가 오면 *95*
70	돌아봐 줌 *96*
71	사랑하면 *97*
72	생각 *98*
73	이런 아내 *99*
74	당신을 보며 *100*
75	거미집 *101*
76	사랑이 가는 길 *02*
77	여름 바다 *103*
78	함께 온 길 *104*
79	고향 *105*
80	여행 *106*
81	시 *107*

| 5 | Faith | *108* |

82	오감	*109*
83	음악	*110*
84	노래	*111*
85	하늘을 보며	*112*
86	모를 뿐	*113*
87	낙엽	*114*
88	돈	*115*
89	음식	*116*
90	휴게소	*117*
91	처음	*118*
92	숲	*119*
93	일상이 의미다	*120*
94	지도	*121*
95	존재	*122*
96	거울 2	*123*
97	관점	*124*
98	필요가 만들지만	*125*
99	'아직'이지만	*126*
100	사계	*127*
101	낙엽 밟는 소리	*128*
102	카렌다, 설렌다	*129*
103	시민과 시인	*130*
104	세월의 흔적	*131*
105	변하는 세상	*132*
106	나의 집	*133*
107	잠언	*134*
108	태풍이 지나고	*135*
109	이른 새벽	*136*
110	산에 오르다	*137*

6   Time   **138**

111	단풍나무	*139*
112	열면	*140*
113	차이	*141*
114	전장	*142*
115	될까?	*143*
116	한 주에 담아본 인생	*144*
117	너는 누구냐?	*146*
118	끝이, 끝이 아니다	*147*
119	돈으로	*148*
120	피의 대가	*149*
121	생 生	*150*
122	장례식장	*151*
123	그날은 온다	*152*
124	머나먼 길	*153*
125	사진	*154*
126	앨범	*155*
127	꿈 2	*156*
128	나	*157*
129	눈	*158*
130	꿈 3	*159*
131	놀이터	*160*
132	시간 1	*161*
133	편지	*162*
134	계절의 합주	*163*
135	낙엽	*164*
136	12월이 오면	*165*
137	시간 2	*166*
138	달력	*167*

| 7 | Unlimited | 168 |

139	봄	169
140	추억	170
141	마무리	171
142	방학	172
143	이야기	174
144	누가 만드나	175
145	지금	176
146	중요한 때	177
147	생각	178
148	세월의 흔적	179
149	같지만 다른	180
150	미래, 희망인가 절망인가	181
151	무심하나 무심하지 않게	182
152	몸과 맘	183
153	새해	184
154	새해의 꿈	185
155	세월	186
156	자동이체	187
157	월요일	188
158	아 세월이	189
159	인생	190
160	버찌	191
161	기다림	192
162	인생	193
163	어느 아침	194
164	없다	195
166	아픔을 이기려니	196
167	병원	197
168	해는 해인데	198
169	사랑의 힘	199

들어가며

　하루 24시간, 우리는 얼마나 생각하며 살까요? 흔히 하는 말 '오만 가지 생각이 떠오른다,' 합니다. 그 많은 생각들이 어디로 갈까요? 한 번 지나치면 다시 떠오르기 쉽지 않습니다.

　그렇게 흘려보내고 나서는 종종 아깝다고 생각합니다. 그래서 조그만 빈 쪽지를 준비하고 있습니다. 주머니에, 머리맡에, 가방 속에, 내 손이 닿는 가까운 곳에는 조그만 메모지들이 있습니다.

　불현듯 떠오르는 생각들을 그때그때 적어둡니다. 그리고 짬 있을 때 다듬고 정리합니다. 대수롭지 않기도 하지만 문자로 탈바꿈하면 생각이 빛을 내기도 합니다. 그런대로 읽어줄 만하다 싶기도 합니다.

　별것도 아니지만 다른 사람들과 나누고 싶었습니다. 내 생각에 대한 반응을 알고 싶기도 하였습니다. 처음 가까운 몇 사람에게 그리고 그 사람들이 점점 늘어갔습니다. 저와 비슷한 느낌이 드는 사람도 있고 다른 생각을 말해주는 독자(?)도 있습니다.

　때로는 칭찬도 보내주었습니다. 당연히 힘이 됩니다. 아주 간혹 보내지 말라고 부탁하는 사람도 있습니다. 거부하는데 억지로 보낼 필요는 없습니다. 글쎄, 글이 싫은 것인지 내가 싫은 것인지는 잘 모르겠습니다.

　물론 그다지 친분이 두텁지 않은 경우이기는 합니다. 괜히 강요한듯하여 오히려 미안스러웠습니다. 대부분은 반응을 보이지는 않아도 무난히 받아주고 있습니다. 침묵, 주는 대로 받아주는 것이지요. 그대로 독자가 되어주는 것입니다. 감사하지요.

　건강을 위해 많이 걸으라고 조언합니다. 알지만 습관으로 만들기 위해서는 얼마간 노력해야 합니다. 마침 사는 곳 가까이 높지 않은 산이 있기에 산책으로 다녀오기 딱 좋습니다.

　그리고 아침 공기를 마시며 사색하기도 좋은 노정이지요. 처음에는 짧은 생각들이었습니다. 그리고 한참을 지내다 보니 익숙해지고 생각도 자라가는 것을 느낍니다.

　이래저래 좋은 일이라 여깁니다. 몸도 맘도 운동하는 것이니까요. 모두 건강해야 합니다. 막말로 치매도 힘들고 중풍도 힘들게 하는 병입니다.

　육체도 건강해야 하고 정신도 건강해야 합니다. 사는 날까지는 스스로 생활을 만들 줄 알아야 합니다. 본인뿐만 아니라 주변 사람들 힘들게 한다면 모든 것이 망가집니다.

　'걸으며 생각하며, 그렇게 몇 년 하고 나서 이렇게 모았습니다. 그리고 이세 책으로 나오게 되어 감사합니다. 더불어 이 자리를

빌어 감사드리고 싶습니다. 여기까지 오도록 꾸준히 그리고 아낌없이 후원해주셨고 여전히 지원해주시는 유경 재단의 한상만 회장님과 한상호 이사장님께 다시 한 번 감사를 드립니다.

　또한 늘 옆에서 기도로 후원해주는 사랑하는 아내의 격려가 언제나 힘이 되어줍니다. 더불어 책으로 예쁘게 꾸며주신 출판사 대표 사장님께도 감사드립니다.

　나아가 가까이서 멀리서 저를 위해 기도해주시는 많은 가족 친지 성도들이 있습니다. 모두 하나님의 사랑과 배려로 이 세상에서 만난 제 인생의 동역자들이라 믿습니다. 이 자리를 빌어 모든 분들에게 감사를 드립니다. 그리고 모든 영광은 우리 생명의 주인이 되시는 하나님께 올려드립니다.

2024. 7. 12

서재에서 김종우

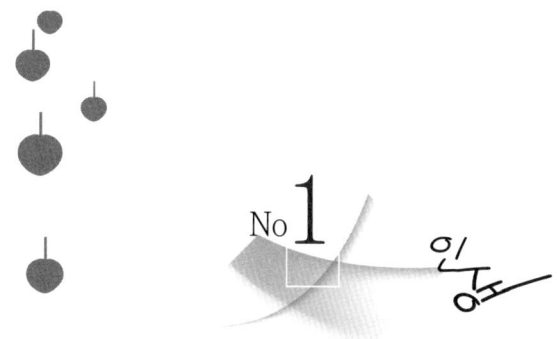

No 1 인형

설렘과 밀림

시간의 설렘을 안고 걷다가
낙엽을 밟고 미끄러진다.
젖었나 봐.
설렘을 눈물로 적시고
밀리듯 지나온 시간을
낙엽으로 쌓아둔다.

한참을 그린 것 같은데
빈자리 설렘은 아직도
버티며 기다린다.
우리의 시간은 밀리다
거기서 머물고
겨울눈을 기다린다.

인생

구긴다 한들 구겨지고
편다 한들 펴지는가?
접고 싶으니 접어버리고
찢고 싶으니 찢어버려?

다가오는 시간은 의지 밖의 일이고
지나간 시간은 찢어진 조각들
만나는 시간은 피어나는 꽃 같아도
만지면 날아간다.

바라서 오는 것도 아니고
잡는다고 하여 머물지도 못한다.
잡히는 것 하나 있으니
우리 주고받은 말뿐인 것을.

인생 1

인생은 손안에 있답니다.

쥐면 잡히지 않고

펴면 하늘이 들어옵니다.

몸에 담으면 냄새가 나고

맘에 담으면 향기가 됩니다.

지나고 나면 빈손입니다.

그래도 함께 하였던 시간은 추억으로 남지요.

시간은 흘러도 사랑은 그리움으로 남고,

화사한 봄날이 우아한 가을로 자랍니다.

인생 2

인생은 시간이란 강물 위에 희망이라는 돛을 달고

물결 위를 흘러가는 한 척의 배

때로는 바람을 타고

때로는 바람을 거슬러서

찢어진 돛에 항해의 역사를 그리고

드디어 항구에 도착한다,

아무도 와보지 않은.

인생 3

봄에는 꽃봉오리에

여름에는 산봉우리에

가을에는 황금 들녘에

겨울에는 백설 동산에

우리는 내일이라는 꿈을 담는다.

땅에는 자연동산

하늘에는 희망동산

마음에는 사랑동산

그렇게

인생에는 흐르는 시간뿐.

인생 4

삶은 물결치듯 요동쳐도

죽음은 시간 앞에 도도함으로

성큼성큼 다가온다.

흐르는 강물처럼

같은 듯 다른 오늘을

시간은 또 춤을 춘다.

굴곡이 있어 역사이고

끝이 있어 작품인 것

삶은 굽히지 않는 희망.

모릅니다

모릅니다,

죽음 뒤에도 이 예쁜 꽃을 볼 수 있을지

모릅니다,

그때에도 저처럼 파란 하늘을 볼 수 있을지

모릅니다,

그날에도 많은 사람을 볼 수 있을지

모릅니다,

거기서도 당신을 그리워할지

모릅니다,

거기서도 이 아픔을 느껴야 할지

모릅니다,

그날에도 당신을 만날 수 있을지

모릅니다,

그곳에 우리의 모습이 그대로 있을지

그래서

여기서는 기대보다 두려움을 가집니다.

거기서는 두려움보다 기대가 이루어지기를 바랍니다.

그런데

여전히 모릅니다.

철길

보고 있노라면 꿈길이 열립니다.
이쪽으로 또 저쪽으로

따라가면 어디엔가 내리겠지요.
그리고 거기에는 사람들도 있습니다.

이쪽으로 가도 저쪽으로 가도
거기에는 이야기도 있겠지요.

기차가 가는 것이 아니라
사람이 가고
인생이 갑니다.

보고 있노라면
꿈처럼 꿀맛
삶처럼 쓴맛이기도 합니다.

구멍 난 양말

구두를 신을 때마다 뒤로 밀리는 양말

그때마다 발가락은 양말을 비집고 탈출을 시도한다.

점점 얇아지는 양말 앞머리

저게 언제나 찢어질까

아 저런, 그게 오늘이네

구두를 벗고 실내 활동을 해야 하는데

창피한 마음은 아랑곳하지 않고

삐죽 내밀고 바깥 공기 쐬고 있는 발가락

뽀얀 살결이 나 몰라라 웃고 있다.

아끼다

반찬 아끼다 쉬어빠지고

옷 아끼다 사이즈 안 맞고

돈 아끼다 사람 잃고

시간 아끼다 기회 놓치고

세월 아끼다 젊음만 가고

사람 아끼다 마음 상하고

자식 아끼다 빈손 되고

아내 아끼다 몸만 늙고

아끼다, 아끼다 인생 허사된다.

인생 5

그 좋은 시절

시간이 촛농 되어

불빛으로 타오르고

가을은 단풍 되어

곱상하게 떨어진다.

얼굴은 세월을 그려내고

팔다리 저려 오면

나이가 저울추 되어

몸 이곳저곳을 부대낀다.

젊음의 유쾌함이

나비 되어 날아가고

늙음의 고상함이

시간 앞에 고개를 숙인다.

인생 6

바람이 분다.
구름은 흘러가고 꽃잎은 떨어진다.
시간은 지나가고 기억은 흐려진다.
늙음은 과거를 지우는 것,
인생은 그렇게 시간을 조여간다.

이사 준비

숨어있던 생의 발자국들
죽은 시간들이 꿈틀댄다.
오래된 것, 잊었던 것
이런 것도 있었나 싶은 것들
하나하나 드러난다.
책도 그릇도 옷도 가구도
새삼 함께 가자고 눈에 밟힌다.
잊어도 되는 것들
주워 담기 어려운 것들
버리고 가도 될 것들
그래도 아련히 추억이 담겨 있기에
손에 묻은 정이 흘러나와
자꾸 맘을 어지럽힌다.

치유

허송세월이라고?

그 기나긴 시간 기억을 이겨내느라

얼마나 애썼는데

아프고 힘들었던 시간들

가슴에 묻어두느라

매일 삽질하느라

얼마나 애썼는데

꿈도 깨어졌다,

파도가 부서지듯

거품이 되어 사라졌다.

몇 번이나 꽃잎을 떨치며

시간도 흘러갔다.

오래도록

세월은 약이 아니라 독이 되어

가슴을 까맣게 서서히

재가 된 마음은 이제 비로소

육신의 주름 위로 흐르고 있다.

그래 거기서는

기억이 고통이 아니라

추억의 아름다움으로

새가 되어 날으리라.

인생 7

기억하고 싶은 것이 많을까

잊고 싶은 것이 많을까

기쁜 일은 물거품처럼 사라지고

아픈 일은 가슴에 인으로 쳐져 있다.

내 가슴 후벼진 것은 지워지지 않는데

남의 가슴 후빈 것은 지워졌을까?

내 인생은 바다? 호수?

바다는 돌고 돌아 가이없고

호수는 어디를 돌아도 끝이다.

호수가 바다로 가는 길이 있는가?

오직 하나

하늘로 가면 된다.

시간은 인생을 잡아먹는 도둑이다.

그런데 착한 도둑이다.

지나가며 깨우친다.

얼마 남지 않았다고.

인생 8

도중에 서 있다는 것

하늘에 있는 것도 아니고

땅속에 있는 것도 아니어서 좋습니다.

지나온 자국을 돌아보며 대견함을

다가올 끝을 바라보며 희망을

생각하면 즐겁습니다.

인생이 그렇지 아니한가요,

사는 재미라는 것 말입니다.

인생 4계

봄날 미풍으로 간질이더니

여름의 태풍이 뒤집어놓고

가을의 단풍으로 설레게 하고서는

겨울의 북풍이 쓸어가네요.

인생은 반대이면 좋을 텐데,

소리치며 와서

환희의 함성으로 여름을 지나

풍성한 결실로 나눠주고

고요히 덮고 가렵니다.

인생 9

길 가는 대로 가면 그곳이다.

걷는 대로 가면 거기다.

오르는 대로 오르면 정상이다.

살다 보면 끝이 온다.

그러나 다른 것이 있다.

사람들이 가는 곳이 아니라

내가 가는 곳이다.

없는 곳에는

해 없는 낮에는 회색 구름

달 없는 밤에는 별만 총총

풀 없는 땅에는 먼지 풍풍

꽃 없는 나무엔 잎만 무성

침 없는 입에는 혀만 고생

임 없는 방에는 책만 뒹굴

정 없는 맘에는 괜한 생각

꿈 없는 가슴엔 휑한 공상

집 없는 부모는 아픈 미래

가을

푸른 청춘은 어느새 갈색을 입고

정겹던 몸체를 떠난다.

잠시 몸을 날려 하늘을 수놓고

사뿐히 땅 위에 눕는다.

마지막 남은 여름날의 그리움은

그동안 누렸던 하늘에 남기고

다시금 하얀 꿈을 담는다.

세상은 그렇게 다녀가는 곳,

함께 한 날들을 하늘에 뿌리며

아픈 이별을 새로운 꿈에 싣는다.

똥

먹는 자는 싼다.
싸지 않으면 죽는다.
살기 위해 싸야 한다.

너도 싸고
나도 싼다.
살려면 싸야 한다.

깨끗함을 먹고
더러움을 싼다.
살려면 싸야 한다.

더러움을 탓하면 안 된다.
생명은 순환이다.
못하면 죽는다.

그래서 탄성이고
또한 탄식이다.
살아있기에.

마무리

하찮은 낙엽이라도

한여름 지나온 사연은 있겠지.

지나온 발자국 보이지 않아도

의미 없는 시간이 있었을까?

이제는 누군가의 발밑에서

으스러지는 아픔을 감내하며

마지막 삶의 몸부림이라 여기고

누려온 시간을 묻는다.

욕망

젊을 때는 같이 나누려 하고

중년에는 내 것으로 만들려 하고

노년에는 바라보는 것으로 족하다고 생각하죠.

까짓것 가져봤자 금방 놓고 갈 텐데요

안 그런가요?

나이 듦

전에는 세상이 뭐라든 나의 길을 간다고 했지.

지금은 내가 뭐라든 세상은 가고 있다.

전에는 맘이 원하는 대로 몸이 갔다.

이제는 몸이 원해도 세월 따라 간다.

전에는 내가 계절을 앞질러 가곤 했다.

이제는 시간 따라가기도 벅차다.

인생 10

세상에는 산을

바라보며 사는 자가 있고

밟아보며 사는 자가 있습니다.

그래도

산에 오른 자는 반드시 내려와야 합니다.

거기서 살 수는 없으니까요.

그리고

산에 올라 밟아보는 자가

산을 오르는 아픔을 이해할 수 있습니다.

인생이 그렇답니다.

산

화사한 꽃들로 봄을 맞이하고

녹색 생명으로 여름을 빛내고

화려한 단풍으로 가을을 장식하고

칙칙한 겨울을 가끔 하얀 눈으로 덮습니다.

그 산이 그 산인데 말입니다.

우리네 인생도

그 사람이 그 사람인데

어찌 요렇게 다를 수 있지요?

인생 길

아빠와 같이 걷습니다.
엄마와 같이 걷습니다.
친구와 함께 걷습니다.
애인과 같이 걷습니다.
아내와 함께 걷습니다.
자식과 같이 걷습니다.

할아버지와 나란히 걷습니다.
할머니를 따라 걷습니다.
할아버지가 되어 걷습니다.
할머니가 되어 걷습니다.

길은 그 길인데
왜 이렇게 달라질까요?

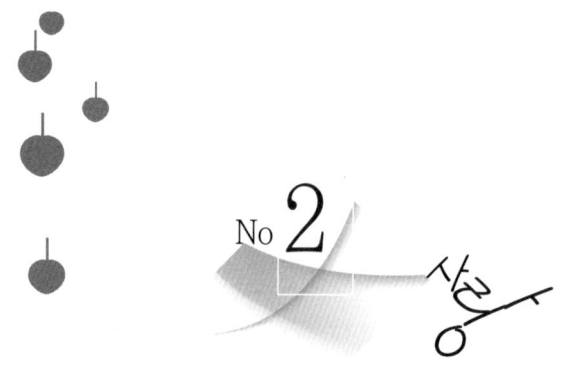

No 2 상

인생 11

우리는 처음으로 시작한다.

친구도 선생님도 애인도

사실 부모님도 처음이다.

시간이 일상으로 만들어준다.

내가 어디 사는지

내가 어디 가는지

내가 무얼 하는지

차츰 익숙해지며 정이 든다.

세상은 처음이지만

기억 속에 담아두며

내 집을 만든다.

그곳에 부모님과 사랑하는 사람들을 모아둔다.

그래도 떠날 때는 가져갈 수 없다.

거울

거기에 내가 있다.

너를 보며 하루를 연다.

거기 너는 누구냐?

너는

소리도 마음도 없다.

내일도 계획도 없다.

그래도

너를 보는 나는

희망을 담아 아침을 연다.

나이가 만든다

오르막 내리막 산길

돌멩이들 사이로 발을 딛는다.

발목을 다칠까,

관절을 다칠까,

넘어진 기억이

거기서 돌아온다.

전에는 신경도 안 썼는데

나이가 만든다.

인생 12

날을 지나 아이가 되고

달을 지나 청년이 되어

해를 지나 어른이 된다.

그렇게 인생을 지나

자랑이 될 수 있다.

누구나 가는 길

그러나

누구나 누리지는 못한다.

길 1

매양 다니는 길이다.

그러나 다른 길이다.

한겨울 이겨낸 생명이 움트는 길이고

그 생명이 한껏 뽐내며 푸르게 덮는 길이다.

풍성한 열매로 좌우 숲에 생명을 불어넣는 길이고

그날들을 품고 새 시대를 기다리는 길이다.

어제와 다른 길이고 내일을 바라보는 길이다.

그렇게 나이를 먹는다.

언제고 나는 떠나도

이 길은 여전히 나이를 먹겠지.

어쩌나

숨은 헐떡 땀은 흠뻑

정상에 오른 순간

모자가 휙 떼구루루

아래로 굴러 저 아래 걸렸다.

반대쪽으로 내려가야 하는데,

아 이런 어쩌지?

다시 내려가 가져오나?

그냥 갈까?

이를 어쩌나?

참 그런데 저 모자 얼마였지?

남는 것

눈을 뜨지 않는다 해도

어차피 꿈은 꿈인 것,

먹어도 배부름이 없듯

이루어도 만질 수 없는

열매가 있다.

지나간 시간이 그러하니

살아온 인생이 자칫

허공을 나는가 싶다.

모든 것은 시간 속에 새겨진다.

기록이 없으면 허사다.

매미

20년이라고 했던가?

그 기나긴 기다림에 비하면

하늘 아래 삶이 너무 짧구나.

그래서 한 여름

너의 울음이 그리도 처절하게 들리는가?

하기야

한 백 년을 산다 한들

죽음이 처절하지 않을까?

고달픈 인생

생각으로 사는 것과 몸으로 사는 것이 다릅니다.

하루가 여삼추라 해도 일 년은 짧습니다.

보내는 것은 쉬워도 사는 것은 힘듭니다.

남의 인생은 부러움

나의 인생은 지겨움

그러나 생각해보면

그에게는 내가 남의 인생인 것을!

인생이란

이야기입니다.

긴 이야기

때로는 짧은 이야기

행복한 이야기

어쩌면 슬픈 이야기

내 이야기 네 이야기

뒤섞인 이야기

들려주고 싶은 이야기

또는 감추고 싶은 이야기

시간 속에 사라진 이야기.

꿈 1

십 대에는 나이 먹는 거

이십 대에는 나이 자랑하는 거

삼십 대에는 나이 관심 없는 거

사십 대에는 나이 무시하는 거

오십 대에는 나이 이기는 거

육십 대에는 나잇값 하는 거

칠십 대에는 나이 숨기는 거

팔십 대에는 나이 잊어버리는 거

구십 대에는 나이 모르는 거

백을 넘으면 ㅎㅎ 가서 말하죠.

아픔을 이기려니

밤새 흘린 눈물이

아침이라고 그쳐야 하나?

슬픔이 하룻밤 시한부는 아닌데

슬픔보다 큰 아픔이기에

어제와 다른 오늘이기를

바람과 기대가

아픔을 이겨낼까?

다만 기대하려는 것,

눈물로 닦인 하루이기를.

나이

가만히 있어도 먹는다.
누가 주는 것도 아니다.
만드는 것도 아니다.
내가 처음 왔듯이 그냥 온다.

늘어만 간다.
불경기도 없다.
이자도 없다.
처음에는 기다리며 맞는다.
후에는 투덜대며 받는다.

한참이 지나면 잊기도 한다.
잊어도 그만이지만
행사가 있으면 찾아내야 한다.
때가 되면
자연스레 떠난다.

무엇이 생기나

일을 하면 돈이 생긴다.

공부를 하면 지식이 생긴다.

사랑을 하면 기쁨이 생긴다.

용서를 하면 화해가 생긴다.

생각을 하면 깨달음이 생긴다.

운동을 하면 건강이 생긴다.

그런데

아무 것도 안 하면?

조만간 흙이 생길 것이다.

안개

산 아래서 보니 산 위가 가렸다.

산에 올라 보니 산 아래가 가렸다.

뭘 감추나, 뭘 가리냐?

따질 것 없다.

내가 선 자리가 다를 뿐이다.

위는 안 보여도 아래서는 다닌다.

아래가 안 보여도 위에서는 다닌다.

아래도 위도 따질 일 없다.

내 갈 길 가면 된다.

그렇게 위도 가고 아래도 간다.

길 2

앞 사람 발자국을 따라간다.

그렇게 사람들이 지나가면 길이 난다.

산에는 산길

바다에는 바닷길

하늘에는 하늘길

길을 따라 마음이 합하면 문화가 된다.

길을 따라 욕심이 생기면 전쟁이 난다.

자연과 인생

집을 나서니 아카시아 향기가 물씬 다가온다.
벚꽃으로 흰 포장을 했던 자리
아카시아꽃이 대신한다.
벚꽃은 봄이 익어 감을
아카시아꽃은 여름이 성큼 다가섬을
계절은 오감을 통해 오고
몇 번을 지나면서 오체를 자라게 하고
몇십 번 보면서 몸은 시들어간다.
한 사람의 자궁에서 시작하여
자연의 큰 자궁으로 들어간다.
그리고
매였던 몸이 벗어난 영혼으로 외친다,
아- 자유!!

오늘 좋은 것

아스팔트 길을 벗어나
흙길로 들어선다.
울퉁불퉁 삐죽빼죽 돌멩이들
고르지 못한 산길을 오른다.
가빠지는 숨길
등에는 어느덧 땀이 흐른다.

편한 길을 벗어나
안 편한 길로 간다.
어기도 편하게 만들 수 없을까?
차라리 집에 있으렴.
그게 생명을 재촉할 수도 있다는 것을
한참 지나 깨닫는다.

나이 들어 불편한 길을 찾는다.

젊어서 좋은 길

늙어가는 빠른 길

알고 나면 이미 힘 빠진 길

더 늦기 전에 찾은 길

오늘도 헐떡이며 오른다.

시간

많이 남았다고 생각하면
희망한다.
다시 도전도 해본다.
운동도 한다.
멀리 약속도 잡는다.

적게 남았다고 여기면
이것저것 정리한다.
많이 버린다.
포기도 한다.
꼭 할 일을 기록해본다.

다시 생각한다.
많고 적고는 누가 결정할까?
그리고 나는 다짐한다.
그냥 오늘을 살자.
사는 것이 희망이다.

희망 사항

때로는 화려한 등산객을 봅니다.
와- 멋집니다, 인사를 합니다.
그리고 옆으로 지나며 한 마디
마음도 화려하신가요?
뒤돌아보며 한 마디 더
인생도 화려하시기를 빕니다.

산을 오르며 생각한다.
그리고 희망한다,
내 인생도 화려하기를.
BTS처럼, BP처럼.
기나긴 아픔이 빚어낸
화려함으로.

사랑은

애틋한 만남이

잔인한 이별이 될 수 있음을

가만히 들어온 사랑이

인생을 멀찍이 팽개쳐도

사랑이 만드는 혹독한 아픔이

인생을 풍요롭게 만든다고

어쩌면

새겨진 상처가 크기에

더 풍성해지는 인생인 것이

시간이 물에 새기듯

그렇게 가슴에 새겨진다.

춘하추동

봄에 만나 사랑의 씨를 뿌렸지요.

한여름 푸른 꿈을 꾸며 자랐어요.

시간의 질투를 견딜 수 없어

빨갛게 멍이 들었지요.

색이 발해 떨어집니다.

그래도

아픔을 하얗게 잊으랍니다.

세월은 그렇게 가는 것이라고.

아무리 질투해도 소용없다고.

사랑은 다시 씨를 뿌릴 거라고.

세상은 그런 거라고.

당신 눈 속에는

세상이 있습니다.

사랑이 있습니다.

희망이 있습니다.

때로는

아픔이 있습니다.

슬픔도 있습니다.

그리움이 있습니다.

그리고

우리가 있습니다.

결혼

둘이 한 몸이 되는 것
세상에 이런 불편한 일이
갑자기 몸 하나에
다리가 넷 팔이 넷이다.
남는 것인가, 못 쓰는 건가
잘라버릴까, 활용할까
이 불편을 어떻게 이기지?
우리는 팔 둘 다리 둘이 익숙한데
아 시간이 필요해
자르자니 아깝고 쓰자니 어렵고
그래도 마음은 자꾸 남은 것으로 가는 것을.

그리움

별이 빛나는 밤에
무수한 기억들이 춤을 추고
달빛 조용한 물 위로
시간은 여전히 춤을 춘다.

땅을 밟은 인생이지만
하늘을 지고
삶에 쫓기기도 하지만
시간을 추억으로 그린다.

내 마음 반쪽이 되어도
물이 하늘을 담듯
땅이 물을 받듯
당신을 한가득 담는다.

기다림

노을이 진다.

기다림의 아픔이 바다로 저민다.

새 살을 만드느라

한 꺼풀 벗기는 아픔이

하루로 스민다.

새날은 아픔을 숨기고 찾아온다.

어제의 피로가

새날의 기쁨을 뿜어낸다.

꿈나라 종소리가

새날을 쏜다.

어머니

세월에 묻혀 잊힐 이름이 될지도 모릅니다.

이제는 기다림도 없을 것입니다.

불리지도 않을 수 있습니다.

하늘에 계실 어머니

바람이 분다 한들

그곳까지 미치지도 않겠지요.

맑은 하늘, 별이 총총한 밤에도

눈에 들어오는 빛은 희미해지고

기억도 천천히 작아질 것입니다.

아쉬움에 붙잡으려 해도

차라리 뒤따라가는 편이 나리라,

생각보다 몸이 먼저 갈지도 모릅니다.

어머니
천사보다 아름다운 이름이기에
오늘보다 내일에 새겨두렵니다.
잊혀도 입에 남아있을 이름
지운다 한들 가슴에 새겨진 이름
몸이 무너져도 시간이 간직한 이름
세상이 파도처럼 흔들려도
인생이 지진이 나서 가라앉아도
하늘이 영원히 간직하리라.

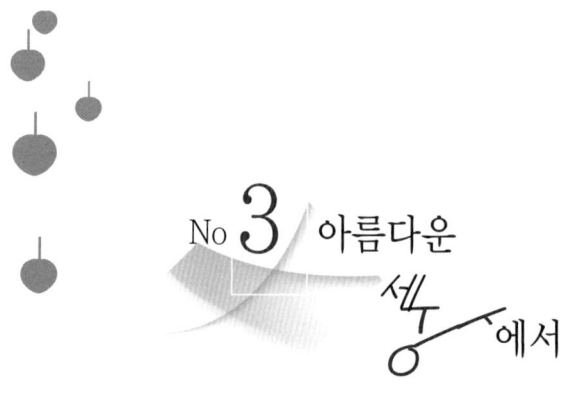

No 3 아름다운 생에서

그대

헤어져 돌아와도

남아있는 잔잔한 향취

귓가에 들리는 듯

은은한 그대의 음성

살며시 잡아본 그대의 따뜻한 손

아직도 손끝에 남고

또렷이 떠오르는 그대 모습.

그리고

느껴지는 그대의 정다운 마음

그대는

곧 내 삶의 의미입니다.

질 膣 1

처음에는

닫혀있는 신비의 길

자라면

당신을 만나는 사랑의 길

함께 만드는 생명의 길

그 후에도

남아서 여성이 되는 길

기쁨과 아픔이 함께 있는

인생의 길

그림자

함께 있어도 말이 없고

나란히 걸어도 느끼지 못하고

손에 닿을 듯 가까워도

만질 수 없는 당신

애틋한 사랑을 담아 보내도

돌아오는 것은 어둠뿐

있어도 있는 것이 아니고

없다고 한들 어둠이랴!

마음이

계절을 앞서갑니다,

우리네 마음이.

시간보다 먼저 갑니다,

우리의 마음이.

보는 것보다 미리 갑니다,

우리 마음이.

생각보다 앞에 갑니다,

우리 마음이.

당신보다 앞에 있습니다,

내 마음이.

바람 希

바람은
참으로 바람(風)이다.
어디서 비롯될까?
어디로 가는 걸까?
끝에 닿을까?

보이지 않아
더욱 보고파라.
가는 자국 없어도
가는 기미는 있다.

바람처럼 온다.
바람처럼 간다.
그래도
네가 있기에 산다.

가족

이해가 과하여

오해를 부르고

오해가 있어도

억눌러 잊는다,

서로를 생각하니.

아픔 슬픔 기쁨 즐거움

인생의 잡동사니 긁어모아

예술을 만드는 곳.

힘들게 해도 떠날 수 없는 곳,

어디서든 마음이 가는 곳.

첫사랑

마주치는 눈빛 설레는 마음

망설이는 손길 두근대는 가슴

그리움은 그 모두를 담아

시간 위에 띄웁니다.

햇빛만 쐬면 말라버리고

빗물만 맞으면 시들어버리지요.

만남은 그리움에 햇빛을 담고

헤어짐은 망설임에 빗물을 담아

시간 위에 오늘을 띄웁니다.

치매

당신은 내가 사랑한 당신인가요?

나는 당신이 사랑한 나인가요?

우리는 함께 해온 우리인가요?

우리가 함께한 희로애락은 어딘가로 사라지고

이제는 당신 앞에 내가, 내가 아니며

내 앞에 당신도 당신이 아닙니다.

이제

내 눈에만 남아있는 당신이

날마다 남이 되어가고 있습니다.

내 몸의 그림

눈은 세상을 담아

손으로 사람을 그립니다.

귀는 사람을 담아

입으로 인생을 노래합니다.

가슴은 꿈을 담아

두 발로 세상을 다닙니다.

나는 당신을 담아

사랑으로 집을 짓습니다.

사랑

당신의 미소는 내 입에 노래가 되어 흐르고

당신의 눈빛은 내 맘에 화살로 꽂힙니다.

잡았던 손길의 따스했던 기억이

내 심장을 펌프질하고

어제의 만남이

오늘 종일 재방영됩니다.

그리고

오늘 안에 있음에도

만나는 시간은 어찌 이리 더딜까요?

얼굴들

아름다운 얼굴은 웃는 얼굴

미운 얼굴은 찡그린 얼굴

무서운 얼굴은 화난 얼굴

행복한 얼굴은 용돈 받는 얼굴

슬픈 얼굴은 이별 후의 얼굴

예쁜 얼굴은 사랑하는 사람의 얼굴

세상에서 가장 예쁜 얼굴은

사랑하는 사람이 나를 보고 웃는 얼굴

좋은 얼굴은 내 얼굴

더 좋은 얼굴은 네 얼굴

더욱 좋은 얼굴은 네가 웃는 얼굴

사랑하면

지는 해 노을이 정취가 되고

밤하늘 수놓은 별은 보석이 된다.

길가에 이름 모를 꽃은 장식이 되고

들판에 나는 새들 손님이 된다.

무심히 지나던 풍경은

그림이 되어 마음에 새겨지고

당신의 눈빛은

햇빛이 되어 온몸을 빛낸다.

아프지 말자

당신이 아프면 내가 불편해.

내가 아프면 당신이 불편하잖아, 안 그래?

그러니 나도 당신도

아프지 말자.

그런데

당신이 아프면 나는 불편한데

내가 아프면 당신이 불편해?

내가 아프든 말든 당신은 하던 일 그냥 하는 거잖아.

당신이 아프면 당신이 하던 일을 내가 해야 하는데.

그래 몸이 수고하는 것보다 마음이 아프지.

당신 하던 일을 내가 하면서

당신의 일에 비치는 내가 보이거든.

질 膣 2

이전에는 본인도 잘 모르는 길

10대에는 호기심의 길

20대에는 사랑의 길

30대에는 생명의 길

40대에는 욕망의 길

50대에는 초조해지는 길

60대에는 아쉬워지는 길

70대에는 긴가민가한 길

80대에는 지워지는 길

90대에는 자손이 증거하는 길

때가 오면

가는 세월 잡지 못하고
오는 세월 막지 못해.
손가락 사이 빠지듯
모래 같은 시간,
수많은 초들이
수없이 빠지듯
내 몸을 빠져나가
남은 건 기다림뿐.

땅에 심으면 꽃으로 피어나고
하늘에 심으면 구름으로 피어난다.
때 되어 꽃은 시들고
하루 지나 구름은 사라진다.
진실을 숨기고 사실을 비틀어
욕심을 채워도
시간은 왜곡된 사실을 정화하여
진실을 밝히리라.

돌아봐 줌

저 멀리 떠나가는 사람

멀리서 바라보며 전송하는 사람

아쉬움, 서글픔, 애잔함

한 번쯤 기다려본다.

가다가 멈칫 돌아봐 줌이

다가올 긴 시간 그리움을

슬프지 않게 보듬어준다.

사랑하면

지는 해 노을이 정취가 되고
밤하늘 수놓은 별은 보석이 된다.
길가에 이름 모를 꽃은 장식이 되고
들판에 나는 새들 손님이 된다.

무심히 지나던 풍경은
그림이 되어 마음에 새겨지고
당신의 눈빛은
햇빛이 되어 온몸을 빛낸다.

지는 해 노을이 정취가 되고
밤하늘 수놓은 별은 보석이 된다.
길가에 이름 모를 꽃은 장식이 되고
들판에 나는 새들 손님이 된다.

무심히 지나던 풍경은
그림이 되어 마음에 새겨지고
당신의 눈빛은
햇빛이 되어 온몸을 빛낸다.

생각

코발트색
사실 색깔보다는
그 말이 좋았다.
때로는 풍경보다
풍경을 담은 그림이 좋다.
왜 그럴까?
지나가는 것보다
멈추어 생각하게 해주니까.

사실보다
사실을 이야기하는 것이
마음에 들어온다.
당신을 만나면
마음속에 그림을 그린다.
눈에서 멀어져도
오래도록 담겨 있다.

이런 아내

나는
하루 삼식이다.
아내는
외출할 때 동행
혼자 나갈 때는
때마다 행선지 보고報告

아내에게 필요한 남편,
늠름하게 삼식이가 될 수 있다.
아내는 때마다 나를 확인한다.
행여 길 가다 쓰러지지는 않았는지
걱정 반 우려 반
혼자 눕는 자리보다
그래도 함께 하는 자리가 좋아서.

당신을 보며

꽃잎이 떨어진 자리

초록색 잎이 싱그럽다.

막 얼굴을 씻고 나온

아내를 보는 듯하다.

깨끗하고 상큼하고 싱그럽다.

아름다움은 피고 져도

싱그러움은

오래도록 그 자리를 빛낸다.

나이가 들어가도

삶은 여전히 생生을 밝히고 있다.

거미집

저런!

숲길을 걷다가 얼굴을 덮쳤다.

이렇게 잘 띄지 않으니 걸리겠지.

저 녀석에게는 단숨에 집과 일터가 날아갔다.

우리도 요즘은 재택근무라는 게 있다.

하기야 아무나 하는 건 아니지.

대부분 집 걱정, 직장 걱정

그렇게들 살아간다.

한나절이면 일터도 집도 만든다.

너는 참 좋겠다.

그림에도 나는 내가 더 좋다.

내 집에는 아내가 있다.

사랑이 가는 길

마주 보다 나란히 본다.

둘로 보다 하나로 본다.

한 번 보다 두 번 본다.

눈으로 보다 마음으로 본다.

헤어지고 돌아서 또 본다.

어제 보았지만 오늘 또 본다.

훑어보다 만져본다.

생각해보다 느껴본다.

여름 바다

하늘의 햇빛이 바다 위에 보석으로 피어나고

한 조각, 구름은 쪽배 되어 출렁인다.

그런데

더위가 사람들 모아

예쁜 그림 흩뜨리고

보석들은 거품 되어 하늘에 뜬다.

그래도

파란 포장지에 가지각색

모자이크 수 놓이고

아우성들 노래되어 하늘을 난다.

함께 온 길

힘든 날의 눈물 모아 닦아주고
웃음꽃 모아 꽃길 만들고
울퉁불퉁 지나온 길 고르게 만들며
둘이서 만든 한평생
그림자 같이 지나간다.

두렵고 긴 몰랐던 길이지만
눈물과 웃음으로 모자이크하며
아름답게 꾸미려 헤쳐 온 길
아쉬워도 후회 없고
돌아봐도 미련 없지.

우리 인생
화려하지 않다 해도 떳떳하고
우리 사랑
우아하지 않다 해도 행복하니
그만하면 잘 살았지?

고향

고향 하면 시골이 떠오른다.
그곳에서 태어나지도
자라지도 않았는데

고향은 왜 시골이어야 할까?
아는 사람도 없고
갈 곳도 없는데

보기는 하였지
읽기도 하였지
상상도 해보았지

등불보다 별빛이
목소리보다 벌레 소리가
철보다 흙이 많은 곳

고향은 왜 시골이어야 하나?
사람보다 풍경이 있는 곳
발보다 마음이 가는 곳

여행

일상을 떠나

잠시 다른 세상을 본다.

어제와 같은 내가

어제와 다른 나를 경험한다.

결국 우리는 그렇게

다른 세계를 향할 것이다.

시

마음속엔 생각들이 날갯짓하고

머릿속에는 낱말들이 춤을 춘다.

생각이 낱말 되어

머리를 뱅뱅 돌다.

땅에는 강산을 만들고

하늘엔 구름을 날린다.

시간이 바람을 댕겨

강산에 꽃가루 뿌리고

구름 잡아 하늘을 수놓으면

드디어 시時는 시詩로 나온다.

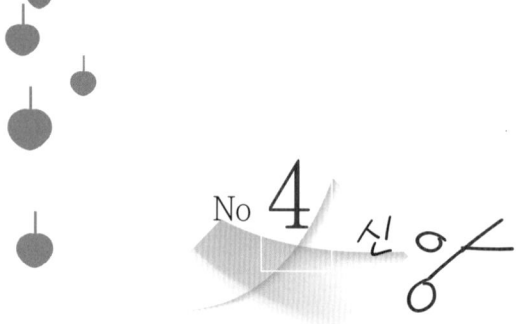

No 4 신앙

오감

소리가 음향으로

냄새가 향기로

장면이 풍경으로

입맛은 꿀맛으로

감촉은 비단으로

아 –

오감이 천국으로!

음악

선율이라고 부른다,
마음을 간질이는 그 소리.
공간을 나는 듯
시간을 흐르는 듯
지금을 날면서
영원을 그린다.

여기 듣고 있는데
하늘을 걷는다.
멀어지는 듯 가깝고
손에 잡힐 듯해도
더 멀리 날아간다.

보이지는 않아도
그대가 가까워진다.
선율이 구름이 되어
그대를 실어 온다.
정지된 시간을
가슴에 담아
당신에게로 띄운다.

노래

한 소절에 그리움을 담고

다음 소절에 사랑을 담고

절절히 인생을 담아 목청을 높입니다.

한 소절 발걸음이 되고

다음 소절 손길이 되어

절절히 사랑을 노래합니다.

한 소절 바다를 건너고

다음 소절 하늘을 날아

절절히 꿈을 토합니다.

하늘을 보며

인생이 잔인하다 말하지 말자.

그런 때가 있을 뿐이다.

더 많은 시간을 맞아야 한다.

오늘 회색 하늘이

내일 파란 모습으로 바뀔 수 있다.

그런데

우리가 보는 하늘이

내가 보는 하늘일 수 있을까?

모를 뿐

이름 없는 들꽃은 없습니다.

내가 모를 뿐입니다.

이름 없는 용사도 없습니다.

우리가 모를 뿐입니다.

세상에 없는 것이 아닙니다.

모르고 있는 것뿐입니다.

없다고 말하지 마세요.

없는 것이 아닙니다.

우리가 모를 뿐입니다.

낙엽

아스팔트 위에서는 쓰레기지만

산길에서는 푹신한 양탄자랍니다.

오르내리는 사람들 발밑에서는

소곤대는 노래도 되지요,

한 생애 이렇게 살았다고.

나도 세상을 떠난 후

누군가의 노래가 될 수 있을까요?

돈

가게에 주면 물건을 얻고

사람에게 주면 마음을 얻고

성전에 주면 믿음을 얻고

아내에게 주면 살맛을 얻습니다.

풍성한 밥상은 덤이고요.

쌓아두면 종이에 불과하지만

세상에 내놓으면 가치를 만듭니다

음식

맛이 있고 향이 있고

건강이 있고 만족이 있고

나눔이 있고 추억이 있다.

때로는 오랜 역사가 있고

지난날의 그리움이 있고

주고받는 정도 있다.

혼자보다는 둘이 좋고

둘보다는 여럿이 좋고

그 떠들썩함이 맛을 돋운다.

휴게소

그냥 지나쳐도 그만인 곳

사는 곳이 아니라 들렀다 가는 곳

오래가 아니라 잠시 머물다 가는 곳

마냥 머무는 곳이 아니라

시간 되는 대로 쉬어가는 곳

정을 주는 곳이 아니라 돈을 주는 곳

이 세상 인생도 여행이라는데

여기는 휴게소인가,

아니면 목적지인가?

처음

친구를 만나는 것도

선생님을 만나는 것도

애인을 만나는 것도

사실 부모님을 만나는 것도

처음이다.

내가 사는 것, 그것이

처음으로 끝날지, 일상이 될지

내가 사는 곳에 달려있다.

내가 가는 곳에 달려있다.

내가 하는 것에 달려있다.

세상은 처음이다..

숲

아파트 단지를 지날 때는
바람이 모질게 불었답니다.
산에 오르니 조용합니다.
그 바람이 어디 갔을까?
산에 가렸나?
숲에 숨었나?
가슴을 펴고 깊이 들이마십니다.
숲에는 뭔가가 있습니다.
바람은 쉬어 가고
사람은 살아갑니다.

일상이 의미다

잠자리를 박차고 일어나는 결단

들락날락하며 시작되는 일과

나가고 들어오고

만나고 말하고 듣고

시간도 익숙한 듯 지나간다.

어제와 같지만

어제와 다른 오늘이 간다.

다시금 돌아와 자리에 눕는다.

같지만 다른 하루를 기억에 담는다.

일상이 의미다.

지도

길은 있어도 차는 없다.

바다는 보여도 배는 없다.

산은 있어도 나무는 보이지 않는다.

강이 있어도 물은 없다.

철길은 있는데 기차는 없다.

길은 많은데 다니는 사람은 없다.

산으로 가는 길은 있어도

산속의 오솔길은 보이지 않는다.

몸은 갈 수 없고

마음만 갈 수 있다.

하루에 다 갈 수도 있지만

몇 년을 가도 허전하다.

존재

우주 안의 한 점

영원 속의 한 점

공간을 헤집고 반짝인다.

시간을 벗어나 하루를 빚는다.

별것도 아닌데 별것으로 산다.

어려운 것인가, 그냥 낯선 것인가?

거울 2

너는 내가 아니다.

나는 오른손을 드는데

너는 왼손을 든다.

왼쪽 눈을 깜박이면

너는 오른쪽 눈을 깜박인다.

너는 내가 아니다.

그런데 따라 웃는다.

참 이상하다.

오른쪽 왼쪽 가리지 말고

그냥 웃으며 지내면 좋겠다.

관점

저들은 새가 노래한다고 합니다.

우리는 새가 운다고 합니다.

생명이 세상에 오면

향하는 곳은 죽음입니다.

기뻐하며 맞아서

슬퍼하며 떠나보냅니다.

어쩌면

저들은 죽는 거 상관없이 오늘을 누리려 하고

우리는 미래를 바라보려 하는가 봅니다.

밟고 있는 땅에서

멀리 바라보며 살고 싶습니다.

필요가 만들지만

폭우가 지난 다음 날

산길이 물길이 되었습니다.

우리의 필요가 만든 지름길인데

자연의 필요가 바꾸었습니다.

사회는 사람의 필요가 만들고

세상은 자연의 필요로 유지됩니다.

사람의 필요가 만든 것이

결국은 재앙이 되기도 합니다.

편리함만 따르면 편하게 죽지도 못합니다.

'아직'이지만

아직도 새파란 밤송이가

바닥에 떨어져 있다.

지난밤 비바람을 견디지 못했나 보다.

어미인들 너를 놓고 싶었으랴.

어미라 해도

붙들어줄 수 없을 때가 있단다.

이 땅에서의 생명은

언제라도 다할 수 있는 것,

그래도 생명은 하찮은 것이 아니다.

버텨야 한다,

네가 할 수 있는 만큼은.

사계

봄 – 긴 침묵을 깨고 살아있음을 알리는 시간

여름 – 자기 생명력을 한껏 뽐내는 시간

가을 – 지나온 삶을 열매 맺어 마무리하는 시간

겨울 – 가을의 풍요를 담고 긴 기다림으로 가는 시간

내가 오르는 산이 그것을 매년 보여주고 있다.

그러나 나 자신은 어디서 끝날지 모르고 산다.

봄일까, 여름일까, 가을일까, 아니면 겨울일까?

그 외에는 없을까?

낙엽 밟는 소리

낙엽 덮인 산길
내 발걸음 소리에
내가 놀란다.
정적을 깨는 소리
대단치 않아도
소스라친다.

어지러운 세상
한 마디 외침이
낙엽 밟는 소리가 되랴.
그래도 바라는 것
우리 안에 낙엽 될 사람은
정녕 없는가?

카렌다, 설렌다

달력을 보고 있노라면
마음이 설렌다.
보이지 않는 시간이
불빛이 되어 다가온다.
하루도 오고
한 달도 온다.

한 장에 하루가 온 적도 있다.
이제는 한 장에 한 달
어쩌면 두 달
때로는 석 달이 온다.
지나가고 살아가고
다가올 날들을 그려본다.

카렌다를 보고 있노라면
시간이 춤을 춘다.
만 가지 생각이 짝을 한다.
어제와 오늘이 그네를 탄다.
먼 데 당신이
꽃구름을 타고 온다.

시민과 시인

시민은 생각한다.

시인은 그 생각을 글로 쓴다.

같을 수도 있고 다를 수도 있다.

다만 처한 현실은 같다.

당하는 것과 느끼는 것의 차이일 수도 있다.

현실은 시민을 아프게 한다.

시인은 그 고통을

뒤에 올 희망으로 바꿀 수 있다.

세월의 흔적

파란 잎이 누렇게 되어
산길을 덮는다.
너의 파란 잎을 다시 보는 날엔
너의 몸집은 불어있고
나에게는 주름이 늘어있겠지.
그렇게 보이지 않는 시간이
세상에 드러난다.
가는 세월 막지 못해도
우리 서로 바라봄에
세상은 살 만하다.

변하는 세상

지금은 알고 있다.

전에는

웬 실성한 사람인가? 생각했다.

핸드폰도 안 보이고

이어폰도 안 보이고

혼자서 중얼대며 걷는다.

별난 사람도 있네, 싶었다.

시대에 뒤떨어지면

멀쩡한 사람을

실성한 사람으로 만든다.

나의 집

아이들 모두 출가하고
아내와 둘이 지낸다.
여름날
가만히 있어도 땀이 줄줄
속옷 하나 걸치고 활보하는 곳.

혼자 좋아 노래 부른다.
크게 불러도
곡이 맞든 안 맞든
누가 뭐라 안 한다.
이곳이 내 집이다.

파란 하늘 모아오고
앞산의 푸른 숲 들어온다.
놀이터 아이들의 외침과
드라마 속 아기자기한 이야기가
한가득 우리 밥상으로 올라온다.
이곳이 내 집이다.

잠언

사랑은 그리움이 아니라 기다림의 열매요

결혼은 종착역이 아니라 출발역이고

행복은 풍족이 아니라 만족에 있습니다.

성공은 꼭짓점이 아니라 보람이고

인생은 목표가 아니라 과정이며

행복은 얻음이 아니라 누림에 있습니다.

태풍이 지나고

나뭇잎이 여기저기 널브러져 있다.

쓰러진 나무도 보인다.

서서 버티기 힘들었나 보다.

파랗고 여린 밤송이도 보인다.

여물지도 못하고 끝나는구나.

물먹은 잎사귀가 싱그럽다.

나뭇잎 사이로 햇살이 보인다.

패인 산길에 물이 흐른다.

가지들 사이 거미줄이 다시 쳐진다.

가을은 아직 기다린다.

가지에 버티고 있는 자들을.

이른 새벽

은빛 가득한 하늘을 데리고

머리맡 보름달이 들어온다,

시간이 보내준 선물이다.

조용한 하늘로 상상을 띄운다,

아침을 맞기에는 조금 이르기에

달빛에 꿈을 버무려서.

잠자리 털기에는 이르고

다시 잠들자니 너무 짧고

몸과 맘을 달래며 개잠을 쫓는다.

산에 오르다

산에 오른다.
나뭇잎에 바람 한 쌈 싸서
땀방울 한 점 찍어
이마에 한 입
목덜미에 한 입
와 – 이 맛이지.
무더위 제치고 산에 오른 것.

산에서 내려온다.
잠시 들른 약수터
뎅그러니 놓인 바가지
휘 – 물 한번 저어내고
한 모금 쩍!
카– 이 맛이지,
무더위 무릅쓰고 산에 오른 것.

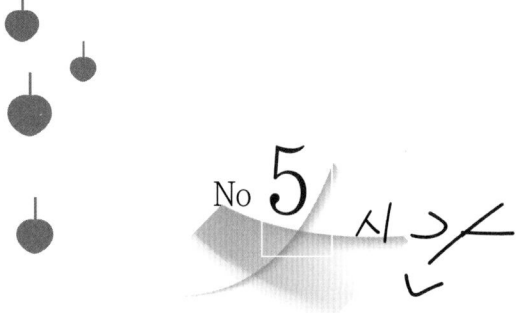

No 5 시간

단풍나무

태생이 그렇다.

봄에도 여름에도

너는 그냥 가을이다.

옷 갈아입을 일 없으니 편하겠다.

변화의 고통이 없으니 좋겠다.

봄에도 봄 같지 않고

여름에도 여름 같지 않고

그래서 가을도

가을답지 않구나.

아 겨울이 좋다.

열면

눈을 열면 하늘이 보이고

귀를 열면 마음이 보인다.

문을 열면 세상이 들어오고

맘을 열면 사람이 들어온다.

그래서

입을 열면 노래가 나온다.

내 입에서, 네 입에서

우리네 입에서.

세상에 무지개가 핀다.

차이

발 딛는 곳으로 개미가 지난다.

순간의 결단 – 밟을까, 피할까?

나는 밟을 자유도 있고 피할 자유도 있다.

개미는

밟힐 자유는 있으나, 안 밟힐 자유는 없다.

가진 자와 없는 자의 차이다.

나뭇잎이 떨어진다.

떨어질 자유는 있어도

안 떨어질 자유는 없다.

세상은 시대가 다르다고 말하고

사람은 운명이라고 말한다.

전장

방금 말하던 전우가 주검이 되니

신이 없는 곳

죽음이 나를 삼키려 하니

신을 찾는 곳

생사가 오락가락하는데

신은 오시는가, 가시는가?

가장 가까이

그러나 가장 멀리 계시는 곳

될까?

그 지점

뱀이 지나는 것을 보았다.

지날 때마다 거기서

맥박이 껑충 뛴다.

죽음 너머 거기에도

뱀이 있을까?

혹 깜짝 놀라

되돌아오는 건 아닐까?

한 주에 담아본 인생

월삭은 달마다 오고
요일은 주마다 오는데
일일이 기억은 못 해도 그날은 온다.

화낼 일은 아니고
요 모양 내 탓인 것을
일마다 복되기만을 빈다.

수시로 계산해보고
요리조리 맞춰보아도
일정하게 맞지는 않는다.

목 빠지게 기다리는 날은 더디고
요사스런 그날은 빨리도 오는데.
일거리 찾느라 또 하루가 간다.

금이야 옥이야 기르신 어머니
요즘 내 모습 보시며 실망하실까,
일이나 해야 잊을 텐데.

토해버리고 싶은 인생
요구하는 것은 없어도
일방적으로 끌려가는 듯싶다.

일요일을 주일로 산지도 반백 년
요지경 세상살이 한 몸에 담고
일장춘몽 인생을 마무리한다.

너는 누구냐?

나는 이름 없이 세상에 온다.

이름을 준 건 너다.

때가 되면 꽃을 피운다.

얼마 후 시들해져 땅에 떨군다.

한두 계절 누리고는 떠난다.

너는 그것에 의미를 새긴다.

나와는 아무런 상관이 없는 일.

나는 의미도 모르고

사실 세상도 모른다.

그냥 왔다가 간다.

그런데 너는 그걸 가지고 왈가왈부한다.

너는 누구냐?

끝이, 끝이 아니다.

시계가 멈추었다고 시간이 끝나는 것은 아니다.

수업이 끝났다고 공부가 끝나는 것은 아니다.

종점에 왔다고 운행이 끝나는 것은 아니다.

노래가 끝났다고 음악이 끝나는 것은 아니다.

하루가 끝났다고 세월이 끝나는 것은 아니다.

인생이 끝났다고 세상이 끝나는 것은 아니다.

여전히 지구는 돌고 또 돌 것이다.

가고 가도 또 온다.

내가 끝이 아니다.

그러나 끝처럼 살면 새것을 본다.

돈으로

누구는 돈으로 물건을 산다.

누구는 돈으로 집을 사고

누구는 돈으로 사람도 산다.

때로는 돈으로 시간을 사고

때로는 돈으로 행복을 사려하고

때로는 돈으로 사랑도 사려고 한다.

도대체 돈으로 살 수 없는 것이 있나?

있다. 많다.

생각하지 않을 뿐이다.

피의 대가

우리 사는 땅이 둥글다고
누가 처음 말했는가?
우리 서 있는 땅이 돌고 있다고
누가 먼저 말했는가?
정신 나갔다고 들었겠지.
미친 사람이라고 내침을 당했겠지.
처음은 힘들다.
어쩌면 그렇게 땅에서 구르고 떨어졌겠지.
많은 시간이 필요하다.
깨달음은 남다름으로 얻어지는 것.
사실이 사실대로
진리가 진리대로
밝혀지려면
때로 피로 얼룩져야 한다.

생 生

내가 온 곳을 내가 모른다.

내가 갈 곳도 나는 모른다.

서둘러 온 것도 아니다.

서둘러 갈 것도 없다.

때로는 이 공간이 아프게 한다.

이 시간이 힘들기도 하다.

알지도 못하는데 말이다.

아프고 힘들어도

내가 할 수 있는 일이 있다.

사는 것이다.

살다 보면 답을 얻을 수도 있으리라.

장례식장

끝과 시작이 있는 곳

떠남과 남음이 있는 곳

침묵과 소리가 있는 곳

떠난 자와 남는 자가 있는 곳

인생을 가늠하고 배울 수 있는 곳

우리는 시작보다는 끝에서 배웁니다.

채움보다는 비움에서 깨달음이 생깁니다.

그날은 온다

그들은 몰랐다.

마음에도 없었다.

그 긴 날이 증명했다.

그래도

기다리는 자는 있었다,

하루가 천년이 되도록.

바람(希望)은 허공을 가르고

마음은 공간을 넘어

구하는 자에게로 온다.

때는 우리가 만드는 것이

아니더라도

그날은 온다.

머나먼 길

산을 오르면서도
산 밑을 생각한다.
가스를 끄고 나왔나?
현관문이 제대로 닫혔나?
방에 불을 껐나?

돌아갈 수도 없는데
어쩌란 거야?
그냥 가는 것이 바른길인데
왜 자꾸 돌아볼까?
몸은 앞으로 맘은 뒤로

천국을 가면서도 돌아볼까?
나 홀로 가는 길은 아닐진대
행여 천국 가는 길에
즐비한 소금 기둥을 볼까?
길은 앞에 있는데.

사진

지나간 시간이

사각 틀 안에서 미소 짓는다.

빛바랜 사진

그 속에 추억이 웃고 있다.

돌아올 수 없는 시간이

얼굴에 새겨져 있다.

앨범

한 장 한 장 넘기는 순간

지나간 시간이 살아난다.

하나하나 보이는 얼굴들

그때의 일이 떠오른다.

한 장 한 장 살펴보니

지금도 살아있나 싶다.

먼지 쓰고 한참을 숨어있었지

언제 찾을까 싶었겠지.

시간은 세월을 먹어가며

저 종이 뭉치 속에

추억을 숨겨두었다,

행복을 덧칠하며.

꿈 2

얼굴엔 주름살 늘어가고

걸음은 느려진다.

어제 같지 않은 몸이라도

마음은 사랑을 노래하고

생각은 미래를 향한다.

어제 같지 않은 몸이라도

마음은 어제와 다른 오늘을

꿈꿀 수 있다.

몸은 시간을 거스를 수 없어도

시간은 나를 삼킬 수 없으리.

나

밭에 서면

시간을 눈으로 확인한다.

하늘에서도 볼 수 있다,

해가 뜨고 달이 지고.

그리고

우리 몸이 말하고 있다,

주름이, 언행이.

우리가 있는 자리

어제와 같을지라도

어제와 다른 나를 만난다.

매일 다른 나를 만나며

한결같은 마음이라니

놀랍지 아니한가!

눈

가뭄 뒤의 단비처럼 감격은 없다.
그러나 이른 아침 창밖으로 보이는
소복한 눈에 감동이 온다.
주름진 얼굴에도
따사롭게 스며드는 동심이다.

살에 닿으면 차가움이지만
맘에 닿으면 포근함
발에는 아슬아슬 긴장하지만
눈에는 송이송이 눈꽃 송이
몸은 흔들려도 맘은 날아간다.

꿈 3

파란 하늘 너머

무한한 어둠의 공간

밑도 끝도 없는 흑암의 세계

빛나는 한 점 향해

우리의 꿈이 달린다.

오랫동안

꿈도 꾸지 못했다.

하늘을 보며 꿈을 만들었다.

나도 모르게

너도나도 모여든다.

놀이터

카아 -

비명이 아니다.

미래를 부르는 소리

아우성

절규가 아니다.

꿈을 빚는 소리

시간 1

시간은 인생을 갉아먹는 도둑

지나온 발자국에는

아쉬움과 후회가 서리고

마음은 안타까움에 불타

재가 되었네

그러나

다가올 시간이 있기에

착한 도둑으로 돌아온다.

편지

하얀 종이 위로

하늘의 별들이 내려온다.

산속의 나무들이 걸어온다.

바다가 펼쳐지고 파도가 넘실댄다.

기억이 송알송알 보석으로 그려진다.

그리고

영원한 시간이 달린다.

계절의 합주

어지러이 떨어져도 어지럽지 않고

멋대로 휘날려도 그것이 질서가 되며

차가운 바닥에 갈무늬가 깔린다.

이곳저곳 밤톨 자수도 새기며

어제 위에 오늘이 앉는다.

그리고 어느 날

하얀 이불이 덮인다.

그렇게

따뜻한 봄이 꿈꾸고 있다.

낙엽

맨바닥에 누워 가을의 정취를 그려주고

사람들 발밑에 밟혀 가을을 노래해주고

벌거벗은 산에 이불이 되어주고

산속에서는 덮고 눌려 거름이 되어준다.

나도 그렇게 스러져가기를 소망하며

오늘도 하루를 늙어간다.

12월이 오면

그 길었던 아픈 날들을 뒤로 물릴 수가 있겠지요.

구태여 내가 뛰어넘지 않아도

그날은 서슴없이 나를 넘어갈 것입니다.

눈 감아도 잊히지 않는 시간들이

지워지지 않는 사건들이

그냥 뒤로 물러갈 것입니다.

멀리만 보였던 그 날이 오면

멀리만 보였던 그 날도 올 것입니다.

기대 반 설렘 반 가슴을 안고.

시간 2

고통도 슬픔도

강물처럼 흘러가니

아 지나감이 이리도 좋은 것을

기쁨도 행복도

안개처럼 사라지니

아 지나감이 이리도 아쉬운 것을

사랑도 미움도

부질없다 지나가지만

부딪친 마음은

오래도록 여전히 흐르는구나.

달력

한 장 한 장 넘길 때마다

한숨 쉬어 갔지.

반쯤 떼고 나서는

반 숨 쉬었을까?

한 장 남기고는

큰 한숨 내쉬었다.

그 자리 이제 곧

새것이 오리라.

나는 지금

숨을 고르고 있다.

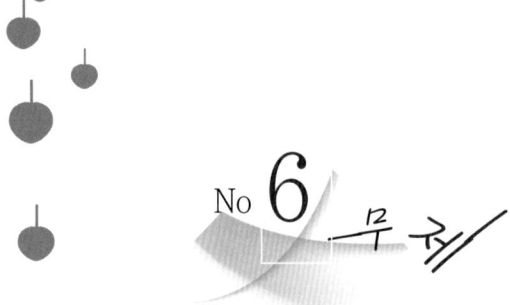

No 6 무례

봄

창밖으로 봄이 온다.
해맑간 하늘을 품고
꽃잎 나부끼며
봄이 온다.

창안으로 봄이 온다.
따사한 햇살을 담고
냉이 향기 가득 담아
봄이 온다.

눈으로 봄이 들어온다.
코끝으로 봄이 들어온다.
얼굴 가득 봄이 번져온다.
아 맘으로도 들어온다.

추억

지나간 일인데

돌아온 현재입니다.

그러나 내가, 내가 아닙니다.

그 사람도 그 사람이 아닙니다.

풍경도 오늘이 아닙니다.

때로는 빛바랜 사진처럼

희미한 기억

그래도 즐거운 것은

돌아올 수 없는 시간이기에

아픔도 묻을 수 있습니다.

마무리

하찮은 낙엽이라도

한여름 지나온 사연은 있겠지.

지나온 발자국 보이지 않아도

의미 없는 시간이 있었을까?

누군가의 발밑에서

으스러지는 아픔은

새날을 새기는 삶의 몸부림

그렇게 오늘을 시간에 묻는다.

방학

등교하는 길

재잘재잘하던 아이들

자지러지던 웃음소리

이리 뛰고 저리 뛰고

널따란 운동장이

사막처럼 고요하다.

때로는 시간이 바람 속에 잦아들고

휑하니 빈 공간을

새들의 지저귐만 지나간다.

덩그러니 빈 건물들이

하염없는 기다림으로

바람 따라 운동장을 바라본다.

그들은

좀 더 큰 소리로 돌아오겠지.

희망도 꿈도 키워서

다시 올 거야.

시간은 나이를 낳지만

아이들은 시간을 만든다.

이야기

오늘이 지나면 이야기가 된다.

어제는 이야기다.

내일도 이야기가 된다.

아프고 슬프고 힘든 것은 오늘이다.

기쁘고 즐겁고 행복한 것도 오늘이다.

그것이 어제를 그리고

내일을 만든다.

그래, 이야기는 오늘에서 나온다.

누가 만드나

석 달 전만 해도
해는 산 너머 있었다.
이제는 중천에서 따뜻하게 맞는다.
그때는 기다리며 지났다.
이제는 낯을 대며 반갑게 지난다.
조금 지나면 낯을 가리고
피하며 지나갈 거다.
내가 아니다.
내 마음이 아니다.
내 몸이 피한다.
그렇게 한 계절 지나면
우리는 다시 만날 테다.
내가 아니다.
날씨가 만든다.

지금

소금 이상의 가치가 있고
황금보다 귀하다 했지.
이 자리 내 생명 없으면
나는 없는 것이지.

모든 시간이
여기서 흘러 과거가 됐고
여기서 비롯하여 미래로 간다.
시작이고 끝이지.

내가 멈추어 있는 여기
내가 숨 쉬는 지금
지금은
영원히 멈추어 있는 곳이지.

중요한 때

꼭대기를 바라보면 희망,

바닥을 내려다보면 절망,

그래서일까?

오르는 것보다 내려가는 것이 힘들다.

산행에서 사고 나는 것도

등산보다는 하산에서 생긴다.

내려올 때가 중요하다.

박수 칠 때 떠나라 한다.

힘이 있을 때 떠나는 것이

본인과 모두에게 득이다.

우쭐대다 우물쭈물하고

자칫 우스운 꼴 되어 쫓겨난다.

생각

바람 지나가듯 나타나

번개 치듯 지나간다.

어둡던 하늘 아주 잠깐

눈앞에 드러났다 사라진다.

바람처럼 지나갈 시간들이

조각조각 이어져서

펜 끝에 글자 되어

역사를 만든다.

세월의 흔적

파란 잎이 누렇게 되어
산길을 덮는다.
너의 파란 잎을 다시 보는 날엔
너의 몸집은 불어있고
나에게는 주름이 늘어있겠지.
그렇게 보이지 않는 시간이
세상에 드러난다.
가는 세월 막지 못해도
우리 서로 바라봄에
세상은 살 만하다.

같지만 다른

사방에 낙엽이 덮여있다.
산인가 길인가
어제 걸은 대로 짚어간다.

어제 같은 오늘을 산다.
어제와 다른 하루인데
어제와 다르게 살아야 하는데

시간의 흐름 위에
습관이 덮여있다.
어제인지 오늘인지

낙엽을 치우듯 습관을 이기자.
낙엽이 거름 되듯
어제가 디딤돌 되도록.

미래, 희망인가 절망인가

같은 십 리도
아는 길과 모르는 길이 다르다.
초행길이 더 멀게 느껴진다.
왜 그럴까?
미래는 모르는 길이다.
기대하는가, 불안해하는가?
왜 불안이 앞설까?
모르기 때문이지.

2, 30대 전후가 다르다.
그전에는 기대가 앞서지만
그 후에는 불안이 앞선다.
왜 그럴까?
그전에는 올라가는 길이고
그 후에는 내려가는 길이기 때문이다.
그렇다면
그 후에도 올라갈 수 있을까?

무심하나 무심하지 않게

꽃봉오리만 만들고

꽃으로 피어나지 못해도

가을은 지나간다.

다 피어나지 못하여도

바람은 오늘을 담아 내일로 가고

그렇게 계절은 지나간다.

모자란 듯 아쉬워도

꽉 찬 하루는 이불을 덮고

기다림을 담아 눈을 감는다.

몸과 맘

몸이 아프면 마음이 힘을 잃고

마음이 아프면 몸이 약해진다.

그래서 우리는 하나이다.

몸이 건강하면 마음이 즐겁고

마음이 기쁘면 몸이 춤을 춘다.

그래서 우리는 하나이다.

몸이 마음을 떠나면 다른 이가 되고

마음이 몸을 떠나면 죽음이 온다.

그래서 우리는 둘이 된다.

새해

새해라고
해는 어제 그 해인데
뜨고 지는 것도 그대론데
달라진 건 달력 바뀐 것뿐

새해라고 둘러봐도
어제와 달라진 건 없는데
달라지기를 바라는 마음뿐
마음과 다른 세상이 쉽게 바뀌나?

다시금
뜬구름이 구름 사탕 되어
내 입으로 들어와 단맛에 취하여
또 하루하루를 만들어가는 것.

새해의 꿈

연말을 세모라고 한다.

그럼 새해는 네모인가?

동그라미면 좋겠다.

내 마음도 네 마음도

우리들 마음도

낮의 밝은 해처럼

밤의 환한 달처럼

동그라미면 좋겠다.

새해에는

모나지 않고 각지지 않고

빛나는 동그라미면 좋겠다.

세월

늘 오르는 산

땀을 닦으며 오르던 길

옷깃 저미며 오른다.

푸른 옷 벗어버리고

흰옷으로 갈아입는다.

그렇게 돌고 돌아

또 나이테 하나 더하고

하늘과 땅 딛고 살다가

세월은 길에다 새기며

나이는 집에서 먹는다.

자동이체

말도 없이, 기별도 없이

그냥 나간다.

나의 사정은 고려하지 않는다.

때가 되면 그만이다.

뭐라 변명할 기회도 없다.

나는 기억하지 못하는데

여지없이 그날을 찍는다.

편해서 좋기는 한데

그 편함이 냉정하게 받아친다.

하기야 내 없는 탓인 것을,

어쩔까?

계속 편할까, 해지할까?

월요일

하루가 가장 긴 날
한 주가 가장 먼 날
있어서 힘들지만 없으면 안 되는 날
시작이 없으면 끝도 없는 법
일단 버티면 기대가 오르기 시작한다.

기분이 가장 예민한 날
아 토요일과 월요일을 바꾼다면
토요일에 일하고 월요일에 쉰다면
달력을 바꾼다고 시간이 바뀌는가?
이름을 바꾼다고 사람이 바뀌는가?

긴 여행이 있어야
쉼의 기쁨이 있는 법
오르는 아픔이 있어야
정상의 시원한 바람을 맞는 법
월요일의 맛이로다.

아 세월이

세상에서 흠모함을 받던 배우도
뛰어난 실력으로 날리던 선수도
남다른 재능으로 유명한 연예인도

결혼하고 나니 유부남, 유부녀
아이 낳고 보니 아줌마와 아저씨
세월 지나 할머니와 꼰대

시간의 바람 맞아 주름이 늘고
인생의 굴곡을 지나며
화장품도 기를 못 쓴다.

내일은 오지 않는 시간
오늘은 영원해도
내가 견디지 못하는구나.

인생

자기를 찾는 여행
나는 어디서 와서 어디로 가는 거지?
나는 왜 태어났지?
내가 왜 살아야 하지?
나는 도대체 누구지?

자기를 만드는 여행
나는 무엇이 될까?
나는 무엇이 될 수 있을까?
나는 왜 이렇게 살아야 하지?
나는 다른 사람이 될 수 없을까?

자기를 버리는 여행
의지하다 반항하고
채우다가 나눠주고
나서다가 물러서고
늙어가며 지워간다.

버찌

꽃이 지고 두세 달
빨갛게 까맣게
여기도 저기도
나무 아래 떨어진다.
이 사람 저 사람 밟고 간다.

여기저기 거뭇거뭇
누가 씻겨주나?
누가 언제 떨어지라고 했나?
그냥 때가 된 거지.
그리고 비가 온다.

옛날에는 우리네 간식
지금은 길 위에 쓰레기
사람이 무서운 건가,
시대가 무서운 건가?
자연은 그렇게 흐르는데.

기다림

보이지 않는 조용함으로

오늘을 밀고 있는 힘

강력함이 나타나는 것이 안 보여도

고통을 이겨내는 힘

어제를 딛고 오늘을 견디며

내일을 향하는 힘

때로는 속이 타고 가슴이 아파도

그 속에는

희망이라는 불꽃이 있기에

어제를 태워서 오늘을 밝히고

내일을 비추어줍니다.

존재의 아름다움이지요.

인생

우연이 인연이 되면 친구가 되고

첫눈에 반하면 연인이 된다.

시간은 인생을 세상에 내보내고

우리는 시간 속에 이야기를 담는다.

시간은 쉼 없이 달려가도

인생은 시간들을 토막 내어

역사를 만든다.

시간은 흘러서 영원으로 가고

인생은 그림자 되어, 있다가 사라진다.

우연도 인연도 사라지다.

남는 것은 시간과 역사일 뿐.

어느 아침

흐르는 안개를 비집고

태양이 우윳빛 얼굴을 내민다.

구름인가

안개인가

미세먼지?

아침이 흐릿하다.

가려진 얼굴을 한사코 내밀고

희미한 미소를 보낸다.

그래

빛바랜 얼굴이라도

세상은 너로 인해

좋은 아침을 맞는다.

없다

산 위에는 지렁이가 없다.

올라오다 생을 끝냈나 보다.

붕어빵에는 붕어가 없다.

이미 다 먹어버렸다.

운동장에는 노는 아이들이 없다.

모두 학원에 갔단다.

집에는 아이가 없다.

낳지를 않는다.

나라에는 백성이 없다.

올라가다 망했단다.

세상에는 사람이 없다.

힘들다고 쓰러졌다.

니도

나 없는 곳으로 간다.

아픔을 이기려니

밤새 흘린 눈물이

아침이라고 그쳐야 하나?

슬픔이 하룻밤 시한부는 아닌데

슬픔보다 큰 아픔이기에

어제와 다른 오늘이기를

바람과 기대가

아픔을 이겨낼까?

다만 희망하는 것,

눈물로 닦인 하루이기를.

병원

안을 보면 내과

밖을 보면 외과

얼굴 속 들여다보는 이비인후과

마음속 들여다보는 신경정신과

아이가 세상에 오는 산부인과

노인들 자주 가는 정형외과

가고 싶은 병원은 없지만

가야 하는 병원은 늘어간다.

나이 불문 두려운 병원

그곳은 치과

해는 해인데

아침에 보는 해
한낮에 보는 해
저녁에 보는 해
막 저무는 해
해는 해인데
왜 다를까?

산 너머로 지는 해
들판에서 저무는 해
수평선으로 가라앉는 해
건물들 사이로 내려가는 해
해는 해인데,
보는 사람들도 다르겠지.

사랑의 힘

광야에서 샘을 찾아내듯

메마른 인생이 한 송이 꽃이 될 수 있음을

아프고 힘든 길이라 해도

밤하늘 별을 헤아리며

희망을 뿌린다.

기나긴 시간

고달픈 인생길에

내일의 씨를 뿌리고

영화 같은 꿀단지에

아픈 오늘을 담는다.

이 책의 글과 그림은 저작권법에 따라 보호를 받는 저작물이므로 저자와 출판사의 동의 없이는 어떠한 형태로든 사용하실 수 없으며 무단 전재 및 무단 복제를 금합니다. 저자와의 협의에 따라 인지를 생략합니다. 이 책의 모든 내용의 책임은 저자에게 있습니다. 잘 못된 책은 본사나 서점에서 바꾸어 드립니다.